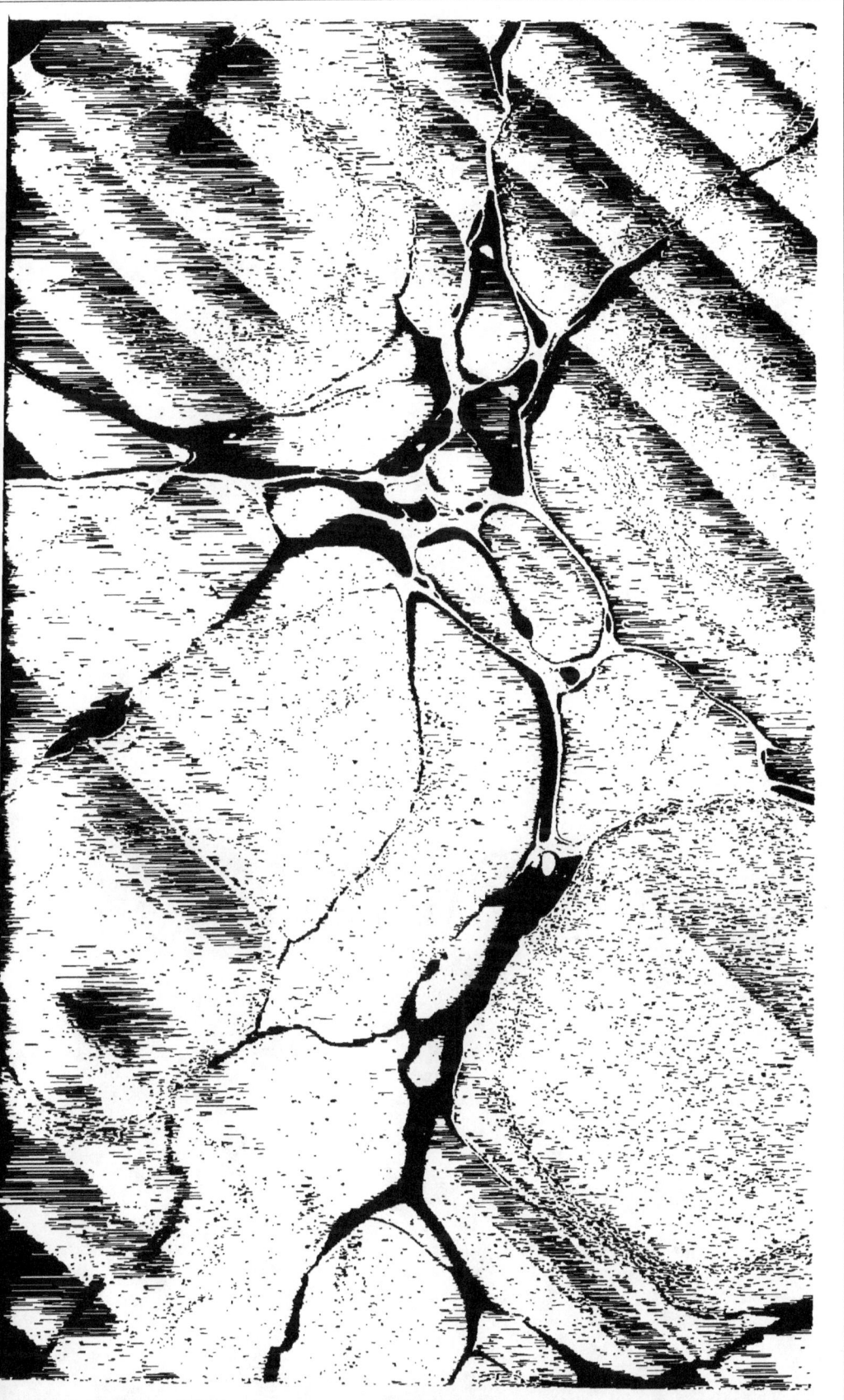

CATALOGUE

DE L'EXPOSITION DE

Portraits du Siècle

SOCIÉTÉ PHILANTHROPIQUE

Reconnue d'utilité publique en 1839

FOURNEAUX — ASILES DE NUIT POUR FEMMES ET ENFANTS — DISPENSAIRES

CATALOGUE
DE L'EXPOSITION DE

Portraits du Siècle

(1783-1883)

OUVERTE AU PROFIT DE L'ŒUVRE

A L'ÉCOLE DES BEAUX-ARTS

Le 25 Avril 1883

TROISIÈME TIRAGE

PRIX : **1** FRANC

PARIS
AU SIÈGE SOCIAL DE LA SOCIÉTÉ PHILANTHROPIQUE
17, RUE D'ORLÉANS-SAINT-HONORÉ, 17

1883

COMITÉ DE PATRONAGE

DE L'EXPOSITION

Marquis de MORTEMART, Président de la Société philanthropique ;

Arthur BAIGNÈRES, membre du comité de la Société philanthropique ;
Roger BALLU, inspecteur des Beaux-Arts ;
BAUDRY, de l'Institut ;
BONNAT, de l'Institut ;
CABANEL, de l'Institut ;
CAROLUS-DURAN ;
CHAPLIN ;
Jules COMTE, inspecteur général des Écoles d'art décoratif ;
DELAUNAY, de l'Institut ;
DELONDRE, membre du comité de la Société philanthropique ;
Gustave DREYFUS ;

Paul DUBOIS, de l'Institut, directeur de l'École des Beaux-Arts ;
Alexandre DUMAS, de l'Académie française ;
Charles EPHRUSSI ;
FOURET, membre du comité de la Société philanthropique ;
Comte de GANAY ;
GUILLAUME, de l'Institut ;
Vicomte d'HAUSSONVILLE, membre du comité de la Société philanthropique ;
HÉBERT, de l'Institut ;
HENNER ;
Pierre JUGLAR, membre du comité de la Société philanthropique ;
Jules LEFEBVRE ;
LEGENTIL, vice-président de la Société philanthropique ;
Marquis du LAU ;
MADRAZO ;
Eudoxe MARCILLE ;
NAST, vice-président de la Société philanthropique ;
Duc de la ROCHE-GUYON, vice-président de la Société philanthropique ;
ROTHAN ;
ROUXEL, membre du comité de la Société philanthropique ;
TRUELLE, membre du comité de la Société philantropique ;
VARIN, membre du comité de la Société philanthropique.

NOTICE

SUR LA SOCIÉTÉ PHILANTHROPIQUE

La Société philanthropique, fondée en 1780, a été reconnue d'utilité publique en 1839. Elle entretient dans Paris trente-deux fourneaux, trois Asiles de nuit pour femmes et enfants, un Hospice pour les vieilles femmes, onze Dispensaires pour les adultes et un Dispensaire spécial pour les enfants.

Elle distribue également des primes d'encouragement aux jeunes ouvriers et ouvrières.

Pendant le cours de son dernier exercice, la Société philanthropique a distribué 1,966,554 portions d'aliments ; elle a reçu 4,333 femmes et 1,475 enfants dans ses asiles de nuit ; elle a soigné 1,370 malades dans ses dispensaires et distribué 4,550 fr. à titre de primes d'encouragement à de jeunes ouvriers et ouvrières.

ON PEUT SOUSCRIRE :

1° Par **Donation** d'une somme quelconque.

Un versement de 500 francs et au-dessus donne le titre de BIENFAITEUR.

2° Par **Souscription annuelle** d'une somme quelconque.

Une souscription de 10 francs donne droit à une Carte permettant de faire soigner un enfant au *Dispensaire pour les Enfants*, 166, rue de Crimée (La Villette).

Une souscription de 40 fr. donne droit, avec le titre de MEMBRE DE LA SOCIÉTÉ, — à 100 Bons de *Fourneaux*, — à une Carte de *Dispensaire*, permettant de faire soigner plusieurs malades successivement pendant l'année, — et à une Carte permettant de faire soigner un enfant au *Dispensaire pour les Enfants* pendant l'année.

Tout souscripteur d'une somme de 100 francs aura son nom inscrit sur un registre annuel et public et pourra, *pendant une année*, sur une lettre de recommandation signée de lui, faire soigner plusieurs enfants successivement au *Dispensaire pour les Enfants.*

3º Par **Fondation** ou **Entretien d'un lit** dans l'un des Asiles de nuit (253, rue Saint-Jacques ; 44, rue Labat ; 166, rue de Crimée.)

   2,000 fr. pour la fondation d'un lit ; — 1,000 fr. pour la fondation d'un demi-lit.

   100 fr. pour l'entretien d'un lit pendant une année.

   150 fr. pour un lit avec berceau.

4º Par **Fondation au Dispensaire** pour les enfants.

   Tout souscripteur d'une somme de 1,000 francs ou plus aura son nom inscrit à perpétuité sur un tableau à l'intérieur du Dispensaire et pourra sa vie durant, sur une lettre de recommandation signée de lui, faire soigner successivement plusieurs enfants au Dispensaire.

5º Par **Fondation à l'Hospice** ou **Entretien d'un lit** pour les vieilles femmes.

   (Hospice Camille Favre, 166, rue de Crimée.)

   Par fondation en constituant une rente de 500 fr.

   Par entretien en assurant une pension

viagère de 500 fr. à la personne que l'on fait admettre à l'hospice.

6° Par **Donation** ou **Souscription annuelle** pour les *Primes d'Encouragement* décernées à de jeunes artisans pour favoriser et développer leur établissement.

On peut se procurer des **Bons de Fourneaux** au prix de 10 centimes chaque.

Le siège social de la Société philanthropique est 17, rue d'Orléans-Saint-Honoré.

PREMIÈRE PARTIE

CATALOGUE

DE L'EXPOSITION DE

Portraits du Siècle

PREMIÈRE PARTIE

BILCOQ (Marie-Marc-Antoine)

1755-1838. Membre de l'Académie de Peinture.

1. — Inconnu.

Haut., 0m44c. — Larg., 0m36c.

Collection de M. Théodore Berger.

BOILLY (Louis-Léopold)

1761-1845.

2. — Houdon, sculptant le buste du Premier Consul.

Haut., 0m56c. — Larg., 0m46c.

Collection de M. Burat.

3. — Incroyable.

> Haut., 0^{m}29^c. — Larg., 0^{m}20^c.
>> Collection de M. Rothan.

4. — Mme Dufresnoy.

> Haut., 0^{m}83^c. — Larg., 0^{m}53^c.
>> Collection de M. Lafenestre.

5. — Inconnue.

> Haut., 0^{m}21^c. — Larg., 0^{m}18^c.
>> Collection du docteur Liouville.

6. — Pigault-Lebrun.

> Haut., 0^{m}22^c. — Larg., 0^{m}17^c.

7. — Auteur.

> Haut., 0^{m}21^c. — Larg., 0^{m}17^c.

8. — Alexandre Duval.

> Haut., 0^{m}22^c. — Larg., 0^{m}17^c.
>> Collection de la Comédie-Française.

9. — Le général Kléber.

> Haut., 0^{m}57^c. — Larg., 0^{m}38^c.
>> Collection de M. Moreau-Chaslon.

— 15 —

10. — Bouilly.

Haut. 0m22c. — Larg., 0m16c.

Collection de M. Legouvé.

11. — Jeune femme et sa fille.

Haut., 0m40c. — Larg. 0m32c.

Collection de M. Eugène Hecht.

BOUCHOT (François)

1800-1842. Élève de Richomme

12. — Mme Malibran.

Haut., 0m68c. — Larg., 0m58c.

Collection de M. Viardot.

13. — Comte d'Haubersaert.

Haut., 0m93c. — Larg., 0m75c.

Collection de Mme Bérard.

BOUILIAR (Mlle)

14. — Une actrice.

Haut., 0m56c. — Larg., 0m46c.

Collection de M. Rothan.

BOULANGER (Louis)
Élève de Lethière.

15. — Balzac.
>Haut., 0m94c. — Larg., 0m74c.

16. — Alexandre Dumas, enfant.
>Haut., 1m28c. — Larg., 0m97c.
>*Collection de M. Alexandre Dumas.*

CALS

17. — Portrait de M. Hazard.
>Haut., 0m55c. — Larg., 0m45c.
>*Collection de M. Rouart.*

18. — Portrait de femme.
>Haut., 0m73c. — Larg., 0m60c.
>*Collection de M. le comte Doria.*

CHARLET (Nicolas-Toussaint)
1792-1845. Élève de Gros.

19. — Napoléon le soir de Waterloo.
>Haut., 0m46c. — Larg., 0m38c.
>*Collection de M. Rothan.*

CHARPENTIER (Auguste)

Élève de Ingres.

20. — Mademoiselle Rachel.

Haut., 1m16c. — Larg., 0m90c.

Collection du marquis de Castéja.

CHASSÉRIAU (Théodore)

1819-1856. Élève de Ingres.

21. — Ses Sœurs.

Haut., 1m80c. — Larg., 1m35c.

Collection du baron Chassériau.

22. — Mme de Saint-Amand, née Cabarrus.

Haut., 1m40c. — Larg., 0m94c.

Collection de M. de Saint-Amand.

CHAUDET (Jeanne-Élisabeth, née GABIOU)

1767-1830. Élève de son mari.

23. — Mme Villot, née Barbier.

Haut., 0m65c. — Larg., 0m55c.

Collection de M. Alexandre Dumas.

COGNIET (Léon)

1791-1880. Elève de Guérin. Membre de l'Institut.

24. — La marquise de Crillon.

Haut., 1m28c. — Larg., 0m97c.

Collection de la duchesse de Polignac.

25. — La vicomtesse de Noailles.

Haut., 0m30c. — Larg., 0m98c.

Collection du duc de Mouchy.

26. — M. Cogniet, père.

Haut., 0m67c. — Larg., 0m51c.

Collection de Mme Cogniet.

COROT (Jean-Baptiste)

1795-1875. Elève de Bertin.

27. — Marietta.

Haut., 0m55c. — Larg., 0m41c.

28. — Son portrait.

Haut., 0m35c. — Larg., 0m22c.

COURBET (Gustave)

1819-1861. Élève de Hesse.

29. — Berlioz.

Haut., 0m58c. — Larg., 0m47c.

Collection de M. Henri Hecht.

COUTURE (Thomas)

1815-1879. Elève de Gros.

30. — Le docteur Ricord.

Haut., 0m64c. — Larg., 0m54c.

Collection du docteur Ricord.

30 *bis*. — M. de Lezay-Marnesia.

Ovale. — Haut., 0m65c. — Larg., 0m53c.

DABOS (Laurent)

1761-1835. Élève de Vincent.

31. — L'acteur Potier.

Haut., 0m82c. — Larg., 0m65c.

Collection de M. Alexandre Dumas.

DANLOUX (Pierre)

1735-1809. Elève de Lépicié.

32. — Mme de Nauzières.

Haut., 0^m90^c. — Larg., 0^m71^c.

Collection du prince d'Arenberg.

33. — Inconnue.

Ovale. — Haut., 0^m29^c. — Larg., 0^m25^c.

Collection de M. Burat.

34. — La comtesse de Folleville.

Haut., 1^m30^c. — Larg., 0^m98^c.

Collection du duc de Rohan.

35. — Une Conventionnelle.

Haut., 0^m35^c. — Larg., 0^m29^c.

Collection de M. Rothan.

35 *bis*. — Inconnu.

Ovale. — Haut., 0^m48^c. — Larg., 0^m56^c.

Collection de S. A. I. la princesse Mathilde.

DAUNOU
Élève de Prud'hon.

36. — La princesse d'Eckmühl et ses filles.

Haut., 0m73c. — Larg., 0m58c.

Collection de la marquise de Blocqueville.

DAVID (Jacques-Louis)
1748-1825. Élève de Vien. Membre de l'Institut.
(ou attribués à)

37. — Barère. Discours contre le « *Citoyen Capet,* » séance de la Convention du 4 janvier 1793.

Haut., 1m30c. — Larg., 0m98c.

Collection de M. Rothan.

38. — Sa Gouvernante.

Haut., 0m65c. — Larg., 0m44c.

Collection de M. Léon Cogniet.

39. — Jeune fille.

Haut., 0m42c. — Larg., 0m55c.

Collection du baron Jeanin.

40. — ? Jeune artiste.

Haut., 0m64c. — Larg., 0m50c.

Collection de M. Rothan.

41. — Macdonald.

Haut., 0m50c. — Larg., 0m42c.

42. — Rabaut-Saint-Étienne.

Haut., 0m65c. — Larg., 0m50c.

Collection de M. Rothan.

43. — La marquise d'Orvilliers.

Haut., 1m30c. — Larg., 0m98c.

Collection du comte de Turenne.

44. — Bonaparte.

Haut., 0m81c. — Larg., 0m65c.

Collection du marquis de Bassano.

45. — La princesse Pauline.

Haut., 0m51c. — Larg., 0m38c.

Collection du marquis de Chennevières.

46. — Jeune homme.

Haut., 0m57c. — Larg., 0m45c.

Collection de M. Albert Goupil.

47. — Alexandre Lenoir.

  Haut., 0m75c. — Larg., 0m62c.

    Collection de M. Lenoir.

48. — Mlle Jolly.

  Haut., 0m82c. — Larg., 0m65c.

    Collection de la Comédie-Française.

49. — Junot, duc d'Abrantès.

  Haut., 0m40c. — Larg., 0m32c.

    Collection de M. Marcille.

50. — Son portrait.

  Haut., 0m66c. — Larg., 0m55c.

    Collection de M. Burat.

51. — Inconnu.

  Haut., 0m97c. — Larg., 0m79c.

    Collection de Mme Cottier.

52. — Saint-Just.

  Haut., 0m58c. — Larg., 0m50c.

53. — Boissy-d'Anglas.

  Haut., 0m58c. — Larg., 0m47c.

    Collection de Mme Achille Jubinal.

54. — Meyer, envoyé des Provinces-Unies.

Haut., 1m15c. — Larg., 0m87c.

55. — Son portrait.

Haut., 0m60c. — Larg., 0m50c.

Collection du baron Jeanin.

DELACROIX (Ferdinand-Victor-Eugène)

1799-1863. Elève de Guérin et de David. Membre de l'Institut.

56. — George Sand.

Haut., 0m28c. — Larg., 0m22c.

Collection de M. Buloz.

57. — Manquant.

58. — Paganini.

Haut., 0m44. — Larg., 0m31c.

Collection de M. Champfleury.

59. — Son portrait en costume d'Edgar de Ravenswood.

Haut., 0m41c. — Larg., 0m38c.

Collection de M. Robaut.

60. — Son portrait.

Haut., 0m66c. — Larg., 0m54c.

Collection de M. Blondel.

61. — Manquant.

DELAROCHE (Paul)

1797-1856. Elève de Gros. Membre de l'Institut.

62. — M. de Rémusat.

Haut., 0m97c. — Larg., 0m70c.

Collection de M. de Rémusat.

63. — M. Guizot.

Haut., 1m. — Larg., 0m81c.

Collection de M. Guizot.

64. — M. Saucède père.

Haut., 0m74c. — Larg., 0m60c.

Collection de M. Saucède.

65. — Le baron Mallet.

Haut., 1m30c. — Larg., 0m98c.

Collection du baron Mallet.

66. — M. Thiers.

　　Haut., 1m12c. — Larg., 0m70c.
Collection de la Compagnie des Mines d'Anzin.

DEVÉRIA (Jacques-Jean-Marie-Achille)

1800-1857. Elève de Laffitte et de Girodet.

67. — Victor Hugo, enfant.

　　Haut., 0m57c. — Larg., 0m48c.
Collection de M. Alexandre Dumas.

DIAZ DE LA PENA (Narcisse-Virgile)

1808-1876.

68. — Mme Arsène Houssaye.

　　Haut., 0m63c. — Larg., 0m50c.
Collection de M. Arsène Houssaye.

69. — Mme Sensier.

　　Ovale. — Haut., 0m63c. — Larg., 0m50c.
Collection de M. Renet.

DREUX (Alfred de)

1810-1860. Élève de Léon Cogniet

70. — M. de Montgommery.

Haut., 1m31c. — Larg., 1m07c.

Collection de M. de Montgommery.

DROLLING (Martin)

1752-1817.

71. — Mme Vincent.

Haut., 0m82c. — Larg., 0m65c.

Collection de M. Pigache.

DROLLING (Michel-Martin)

1786-1851. Élève de son père et de David.
Membre de l'Institut.

72. — Mme Cavaignac mère.

Haut., 0m66c. — Larg., 0m55c.

Collection de M. Cavaignac.

DUBUFE (Claude-Marie)

1794-1864. — Élève de David.

73. — Son portrait.

Haut., 0m66c. — Larg., 0m55c.

74. — Portrait de Mme Dubufe.

Haut., 0m66c. — Larg., 0m55c.

Collection de M. Guillaume Dubufe.

75. — La comtesse Le Hon.

Haut., 2m30c. — Larg., 1m48c.

Collection de la princesse Poniatowska.

DUCREUX (Joseph)

1737-1802. Élève de Latour.

76. — Inconnu.

Haut., 0m82c. — Larg., 0m65c.

Collection de M. Édouard André.

77. — Son frère.

Haut., 0m92c. — Larg., 0m73c.

Collection de M. Marcille.

78. — Son portrait.

Haut., 0m95c. — Larg., 0m75c.

Collection de M. Boitelle.

DUPLESSIS (Joseph-Sifrède)
1725-1802.

79. — Louis XVI.

Haut., 0m70c. — Larg., 0m62c.

Collection de M. Rothan.

80. — Mme Étienne Delessert.

Ovale. — Haut., 0m73c. — Larg., 0m60c.

Collection du baron Hottinguer.

81. — Gluck.

Haut., 0m31c. — Larg., 0m24c.

Collection de M. Viardot.

DUTILLEUX (Constant-Joseph)
1807-1865. Élève de Hersent.

82. — Son fils Joseph.

Haut., 0m46c. — Larg., 0m37c.

83. — Son fils Pierre.

Haut., 0m35c. — Larg., 0m25c.

Collection de M. Robaut.

FLANDRIN (Jean-Hippolyte)

1809-1864. Elève de Ingres. Membre de l'Institut.

84. — Le comte Walewski.

Haut., 1m16c. — Larg., 0m90c.

Collection du comte Walewski.

85. — Le comte Duchatel.

Haut., 1m19c. — Larg., 0m92c.

Collection du comte Duchatel.

86. — Mme Oudiné.

Haut., 0m83c. — Larg., 0m64c.

Collection de M. Oudiné.

87. — S. A. I. Mgr le prince Napoléon.

Haut., 1m15c. — Larg., 0m88c.

Collection de S. A. I. Mgr le prince Napoléon.

FRAGONARD (Alexandre)

1780-1850. Elève de son père.

88. — Louis XVII.

Haut., 0m16c. — Larg., 0m14c.

Collection du marquis de Bassano.

FRAGONARD (Jean-Honoré)

1732-1806. Elève de Chardin.

89. — Son portrait.

Haut., 0m59c. — Larg., 0m47c.

Collection de Mme Kestner

GAINSBOROUGH

1727-1788. Elève de Hogarth et de Gravelot.

90. — La marquise de Castellane.

Haut., 0m82c. — Larg., 0m65c.

Collection du duc de Rohan.

GÉRARD (le baron François)
1770-1837. Élève de Brenet et de David.
Membre de l'Institut.

91. — Ducis.
Haut., 0m57c. — Larg., 0m48c.

92. — Mme Pasta.
Haut., 0m73c. — Larg., 0m50c.

Collection du baron Gérard.

93. — Le prince Eugène.
Haut., 0m65c. — Larg., 0m54c.

Collection du comte Lepic.

94. — La duchesse de Broglie.
Haut., 0m65c. — Larg., 0m55c.

Collection du duc de Broglie.

95. — La duchesse de Talleyrand.
Haut., 1m17c. — Larg., 0m90c.

Collection de la marquise de Castellane, née Talleyrand-Périgord.

96. — La marquise de Catelan.
Haut., 1m13c. — Larg., 0m88c.

Collection du comte de Gramont d'Aster.

97. — Le duc de Guiche.

>Haut., 0m82c. — Larg., 0m66c.
>
>>Collection du duc de Gramont.

98. — Inconnue.

>Haut., 0m47c. — Larg., 0m38c.
>
>>Collection de M. Rothan.

99. — Mme Récamier.

>Haut., 2m32c. — Larg., 1m52c.
>
>>Appartient à la Ville de Paris.

100. — Mlle Duchesnois.

>Haut., 0m65c. — Larg., 0m55c.
>
>>Collection de M. Rothan.

101. — Mlle Georges.

>Haut., 0m65c. — Larg., 0m54c.
>
>>Collection du comte de Pourtalès.

102. — Mlle Mars.

>Haut., 0m22c. — Larg., 0m16c.
>
>>Collection de la Comédie-Française.

GÉRICAULT (Jean-Louis-André-Théodore)

1791-1825. Élève de Carle Vernet et de Guérin.

103. — Royer-Collard.

Haut., 0m64c. — Larg., 0m62c.

Collection de M. Andral.

104. — Le lieutenant Dieudonné.

Haut., 0m27c. — Larg., 0m22c.

Collection de M. Rothan.

105. — Alfred de Dreux et sa sœur.

Haut., 1m. — Larg., 0m80c.

Collection de Mme Becq de Fouquières.

106. — Son portrait.

Haut., 0m26c. — Larg., 0m21c.

Collection de M. Alexandre Dumas.

GIRAUD

106 bis. — Alexandre Dumas père (pastel).

Haut., 0m80c. — Larg., 0m55c.

Collection de M. Alexandre Dumas.

GIRODET DE RONCY TRIOSON
(Anne-Louis)

1767-1824. Élève de David. Membre de l'Institut.

107. — **M. de Barante.**

    Haut., 0m61c. — Larg., 0m51c.

    Collection du baron de Barante.

108. — **La marquise de Ganay.**

    Haut., 0m63c. — Larg., 0m52c.

    Collection du marquis de Ganay.

109. — **M. de Bourgeon.**

    Haut., 0m95c. — Larg., 0m75c.

    Collection de M. Féral.

110. — **Inconnue.**

    Haut., 0m56c. — Larg., 0m46c.

    Collection du baron Jeanin.

GREUZE (Jean-Baptiste)

1725-1806. Élève de Grandou.

111. — Bonaparte, lieutenant d'artillerie, 1789.

Haut., 0m56c. — Larg., 0m47c.

Collection de M. le marquis de Las Cases.

112. — Édouard Bertin, enfant.

Haut., 0m46c. — Larg., 0m36c.

Collection de M. Léon Say.

113. — Wille.

Haut., 0m60c. — Larg., 0m50c.

Collection de M. Édouard André.

114. — La comtesse Mollien, enfant.

Ovale. — Haut., 0m60c. — Larg., 0m48c.

Collection de M. Ernest Dutilleul.

115. — Son portrait.

Haut., 0m65c. — Larg., 0m54c.

Collection de M. Rothan.

GROS (le baron Antoine-Louis)

1771-1835. Élève de David. Membre de l'Institut.

116. — Le roi Jérôme.

  Haut., 0m65c. — Larg., 0m54c.

   Collection du comte Lepic.

117. — Le comte Roy.

  Haut., 0m75c. — Larg., 0m62c.

118. — Le comte Lariboisière.

  Haut., 0m73c. — Larg., 0m60c.

   Collection du comte Lariboisière.

119. — Le comte Chaptal.

  Haut., 1m30c. — Larg., 1m18c.

   Collection du comte Chaptal.

120. — Gérard.

  Haut., 0m65c. — Larg., 0m55c.

   Collection du baron Gérard.

121. — Zimmermann.

  Haut., 1m22c. — Larg., 0m92c.

   Collection de Mme Zimmermann.

122. — Le maréchal Berthier, prince de Wagram.

Haut., 1m40c. — Larg., 1m00c.

Collection du prince de Wagram.

GUÉRIN (le baron Pierre-Narcisse)

1774.-1833. Elève de Regnault. Membre de l'Institut.

123. — Inconnu.

Haut., 0m93c. — Larg., 0m74c

Collection de M. de Clercq.

GUÉRIN (J.-B.-Paulin)

1783-1855.

124. — Chateaubriand.

Haut., 1m40c. — Larg., 1m00c.

Collection de Mlle de Chateaubriand.

GUIGNET (Jean-Baptiste)

1810-1857. Elève de Regnault.

125. — Le sculpteur Pradier.

Haut., 1m60c. — Larg., 1m07c.

Collection de l'Ecole des Beaux-Arts.

HEIM

125 *bis*. — Inconnue.
>Haut., 0m41c. — Larg. 0m33c.
>>*Collection de M. Rouart.*

HEINSIUS (Jean-Ernest)

126. — Jeune fille.
>Haut., 0m73c. — Larg., 0m60c.
>>*Collection de M. Edouard André.*

127. — Artiste.
>Haut., 0m65c. — Larg., 0m55c.
>>*Collection de M. Rothan.*

128. — Marie-Antoinette.
>Haut., 0m65c. — Larg., 0m55c.
>>*Collection de M. Michel Heine.*

129. — M. Bazin.
>Haut., 0m65c. — Larg., 0m54c.

130. — Mlle Bazin.
>Haut., 0m65c. — Larg., 0m54c.
>>*Collection de M. Rossigneux.*

HERSENT (Louis)

1777-1860. Membre de l'Institut.

131. — Casimir Périer et ses fils.

Haut., 0m74c. — Larg., 0m81c.

Collection de M. Paul-Casimir Périer.

132. — Delphine Gay (Mme de Girardin).

Ovale. — Haut., 0m91c. — Larg., 0m72c.

Collection de M. de Girardin.

132 *bis*. — Le cardinal de Clermont-Tonnerre.

Haut., 0m70c. — Larg., 0m52c.

Collection du duc de Clermont-Tonnerre.

HESSE (Jean-Alexandre-Baptiste)

1819-1879. Élève de Gros. Membre de l'Institut.

133. — Comte de Chabot.

Haut., 0m73c. — Larg., 0m60c.

Collection du comte de Chabot.

134. — Le marquis de Jaucourt.

Haut., 0m74. — Larg., 0m60.

Collection du marquis de Jaucourt.

INGRES (Jean-Auguste-Dominique)

1780-1867. Elève de David. Membre de l'Institut.

135. — Le duc d'Orléans.

Haut., 1m60c. — Larg., 1m25c.

Collection de S. A. R. Mgr le comte de Paris.

136. — Bartolini en 1820.

Haut., 0m98c. — Larg., 0m80c.

Collection de M. Drake del Castillo.

137. — Bertin aîné.

Haut., 1m16c. — Larg., 0m92c.

Collection de Mme Bapst.

138. — Le comte Molé.

Haut., 1m46c. — Larg., 1m14c.

Collection du duc d'Ayen.

139. — Son portrait.

Haut., 0m62c. — Larg., 0m51c.

Collection du baron G. de Rothschild.

140. — Mme Moitessier.

Haut., 1m22c. — Larg., 0m95c.

Collection de M. Moitessier.

141. — Chérubini.

    Haut., 0m82c. — Larg., 0m71c.

    Collection de Mme Chérubini.

142. — Mme de Vançay (réduction).

    Haut., 0m30c. — Larg., 0m25c.

    Collection du comte d'Ideville.

143. — Todeban, architecte.

    Haut., 0m63c. — Larg., 0m50c.

    Collection de M. Gigoux.

LAMPI
1752-1830.

144. — Le général Lepic.

    Haut., 0m76c. — Larg., 0m60c.

    Collection du comte Lepic.

LANEUVILLE (J.-L.)
Elève de David.

145. — Paré, ministre de l'Intérieur en 1794.

    Haut., 1m20c. — Larg., 0m95c.

    Collection de M. Rothan

LANGLOIS (Jérôme-Martin)

1779-1838. Elève de David. Membre de l'Institut.

146. — Duméril.

    Haut., 0m80c. — Larg., 0m55c.

    Collection de M. Rothan.

LARIVIÈRE (Charles-Philippe de)

1798-1876. Elève de son frère.

147. — Dupin aîné.

    Haut., 1m30c. — Larg., 0m90c.

    Collection du comte de Breuil.

148. — Saint-André.

    Ovale. — Haut., 1m02c. — Larg., 0m83c.

    Collection de Mme Larivière.

149. — Manquant.

LAWRENCE (Sir Thomas)

1769-1830. Élève de Reynolds.

150. — Le roi de Rome.

Haut., 0m60c. — Larg., 0m48c.

Collection du marquis de Bassano.

151. — Le duc de Richelieu.

Ovale. — Haut., 0m83c. — Larg., 0m74c.

Collection de la duchesse de Richelieu.

LEBRUN (Marie-Louise-Elisabeth VIGÉE, Mme)

1755-1842. Élève de Joseph Vernet.

152. — Son portrait.

Haut., 0m63c. — Larg., 0m55c.

Collection du vicomte Greffulhe.

153. — La duchesse de Polignac.

Haut., 0m98c. — Larg., 0m71c.

154. — Lady *** (pastel).

Haut., 0m47c. — Larg., 0m37.

Collection du comte de Clermont-Tonnerre.

155. — **La duchesse de Guiche.**

  Haut., 0m82c. — Larg., 0m67c.
  Collection de la comtesse de Gramont.

156. — **La marquise de Laguiche.**

  Haut., 1m15c. — Larg., 0m88c.
  Collection du marquis de Laguiche.

157. — **La comtesse de Beaumont.**

  Haut., 1m02c. — Larg., 0m81c.
  Collection de Mme du Chayla.

158. — **Une mère et sa fille.**

  Haut., 1m15c. — Larg., 0m88c.
  Collection de M. Michel Heine.

159. — **La marquise de Jaucourt.**

  Haut., 1m15c. — Larg. 0m86c.
  Collection du marquis de Jaucourt.

LE FEVRE (Robert)
1756-1831. Élève de Regnault.

160. — M. de Canteleu.
Haut., 1m17c. — Larg., 0m70c.
Collection de M. Rothan.

161. — Inconnu.
Haut., 0m65c. — Larg., 0m54c.
Collection de M. Théodore Berger.

162. — Napoléon Ier.
Haut., 2m20c. — Larg., 1m50c.
Collection du prince de Wagram.

LEHMANN (Charles-Ernest-Henri)
1814-1882. Élève de Ingres. Membre de l'Institut.

163. — Mme Lehmann.
Haut., 0m54c. — Larg., 0m45c.
Collection de Mme Lehmann.

164. — Mme Arsène Houssaye.
Haut., 0m55c. — Larg., 0m46c.
Collection de M. Arsène Houssaye.

LEMONNIER (Anicet-Charles-Gabriel)

1743-1824. Élève de Vien.

165. — Jeune fille.

Haut., 0m55c. — Larg., 0m45c.

Collection de M. Rothan.

MILLET (Jean-François)

1815-1875. Élève de Paul Delaroche.

166. — Mme Sensier mère.

Haut., 0m40c. — Larg., 0m30c.

Collection de M. Henri Renet.

NAIGEON (Jean)

1757-1832. Élève de Devosges et de David.

167. — Le peintre et son frère.

Haut., 0m50c. — Larg., 0m66c.

Collection de M. Burat.

168. — Son père.

Haut., 0m68c. — Larg., 0m55c.

Collection de M. Burat.

NAIGEON (Elzidor)

Elève de Gros et de David.

168 bis. — M. Olivier.

Haut., 0m90c. — Larg., 0m76c.

Collection de M. Naigeon.

PAGNEST (Amable-Louis-Claude)

1790-1819. Élève de David.

169. — Napoléon Ier.

Haut., 0m58c. — Larg., 0m49c.

170. — Mlle Lantolf, chanoinesse de Saint-Denis.

Haut., 0m55c. — Larg., 0m55c.

Collection de M. Rothan.

PAJOU (Jacques-Augustin)

1766-1820. Élève de Vincent.

171. — Championnet.

Haut., 0m63c. — Larg., 0m50c.

Collection de M. Rothan.

PÉRIGNON (Félix)

1808-1881. Élève de son père, de Gros et d'Horace Vernet.

172. — Mme Callier.

Haut., 0m92c. — Larg., 0m74c.

Collection du général Callier.

PILS

1815-1875. Élève de Picot.

173. — Portrait de M. Pils père.

Haut., 0m74c. — Larg., 0m60c.

Collection de Mme Becq de Fouquières.

174. — Manquant.

PRUD'HON (Pierre)

1758-1823. Élève de Devosges. Membre de l'Institut.

175. — Prince de Talleyrand.

Haut., 0m32c. — Larg., 0m24c.

176. — Princesse Bonaparte.

Haut., 0m50c. — Larg., 0m50c.

Collection de M. Marcille.

177. — L'impératrice Joséphine (pastel).
Haut., 0m40c. — Larg., 0m32c.
Collection du duc de Trévise.

178. — Manquant.

179. — La princesse Élisa.
Haut., 0m,55c. — Larg., 0m44.
Collection de M. Rouart.

180. — La duchesse de Montebello.
Haut., 0m58c. — Larg., 0m48c.
Collection du marquis de Montebello.

181. — Le comte de Sommariva.
Haut., 0m20c. — Larg., 0m15c.

182. — Le prince de Talleyrand.
Haut., 0m25c. — Larg., 0m16c.
Collection de M. Rothan.

183. — Mlle Mayer.
Haut., 0m52c. — Larg., 0m45c.
Collection de M. Rouart.

184. — De Mesmay.
Haut., 1m16c. — Larg., 0m93c.
Collection de M. Dalloz.

185. — Conventionnel.
Haut., 1m15c. — Larg., 0m80c.
Collection de M. Edouard André.

186. — Inconnue.
Haut., 0m40c. — Larg., 0m31c.
Collection de Mme Kestner.

QUINSON (François)
1770-1839. Élève de l'Académie de Bruges.

187. — M. Bonnaffé de Lance.
Haut., 0m65c. — Larg., 0m54c.
Collection de M. Bonnaffé.

188. — La duchesse de Poix.
Haut., 1m90c. — Larg., 1m40c.
Collection du duc de Mouchy.

REGNAULT
1754-1820. Élève de Bardin. Membre de l'Institut.

189. — Son portrait.
Haut., 0m56c. — Larg., 0m47c.
Collection de M. Carré.

REGNAULT (Henri)
1843-1871.

190. — **La vicomtesse de Dampierre.**
Ovale. — Haut., 0m88c. — Larg., 0m87c.
Collection du vicomte de Dampierre.

191. — **Mme X***.**
Haut., 2m30c. — Larg., 1m53c.
Collection de M. Arthur Fouques-Duparc.

RICARD (Louis-Gustave)
1822-1873.

192. — **La vicomtesse de Calonne.**
Haut., 0m49c. — Larg., 0m56c.

193. — **Mlle de Kolowrat.**
Haut., 0m55c. — Larg., 0m40c.
Collection de Mlle de Kolowrat.

194. — **M. Chaplin.**
Haut., 0m81c. — Larg., 0m65c.
Collection de M. Chaplin

195. — **M. Edmond Taigny.**

    Haut., 0m71c. — Larg., 0m54c.

    Collection de M. Edmond Taigny.

196. — **M. Sensier.**

    Haut., 0m54c. — Larg., 0m44c.

    Collection de M. Renet.

197. — **La comtesse de M...**

    Haut., 0m56c. — Larg., 0m41c.

    Collection de Mme de Cassin.

198. — **Mme S***.**

    Haut., 0m98c. — Larg., 0m72c.

ROLLER (Jean)

Elève de Gautherot.

199. — **Son portrait.**

    Ovale. — Haut., 0m65c. — Larg., 0m54c.

    Collection de M. Boitelle.

ROMANY (Adèle de Romance, Mme)

Élève de Regnault.

200. — Vestris.

Haut., 0^m56^c. — Larg., 0^m46^c.
Collection de M. Alexandre Dumas.

ROSLIN (attribué à)

1733-1793.

201. — La baronne de Staël-Holstein, ambassadrice de Suède.

Haut., 0^m80^c. — Larg., 0^m64^c.
Collection du duc de Mouchy.

ROUSSEAU (Théodore)

1817-1866. Élève de Lethière.

202. — Son portrait.

Haut., 0^m23^c. — Larg., 0^m18^c.
Collection de M. Rouart.

ROUX (Louis)
1817. Elève de P. Delaroche.

203. — M. Vitet.
>Haut., 1m18c. — Larg., 0m88c.
>*Collection de Mme Aubry Vitet.*

SCHEFFER (Ary)
1795-1858. Élève de Pierre Guérin.

204. — Lamartine.
>Haut., 0m95c. — Larg., 0m62c.

205. — Mme de Barante.
>Haut., 0m75c. — Larg., 0m51c.

206. — Mme Marjolin enfant.
>Haut., 0m61c. — Larg., 0m44c.

207. — Ary Scheffer.
>Haut., 0m85c. — Larg., 0m60c.

208. — Mme Scheffer mère.
>Haut., 1m30c. — Larg., 0m90c.

209. — Lamennais.
>Haut., 0m94c. — Larg., 0m73c.

210. — Villemain.
>Haut., 1m08c. — Larg., 0m99c.
>*Collection de Mme Marjolin.*

211. — Mme Guizot mère.
>Haut., 0m92c. — Larg., 0m73c.
>*Collection de M. Guillaume Guizot.*

212. — Le prince de Wagram.
>Haut., 0m55c. — Larg., 0m65c.
>*Collection du prince de Wagram.*

212 bis. — Le général duc de Clermont-Tonnerre.
>Haut., 0m86c. — Larg., 0m59c.
>*Collection du duc de Clermont-Tonnerre.*

SENAVE (Jacques-Albert)
1758-1829.

213. — Son portrait avec sa famille.
>Haut., 0m58c. — Larg., 0m72c.
>*Collection de M. Burat.*

STEUBEN

214. — Champion (l'homme au petit manteau bleu).

Haut. 0m76c. — Larg. 0m60c.

Collection de M. D...

TASSAERT (François-Nicolas-Octave)

1800-1874. Élève de Lethière.

215. — Son portrait.

Haut., 1m30c. — Larg., 0m98c.

Collection de M. Alexandre Dumas.

TAUNAY (Nicolas-Antoine)

1755-1830. Élève de Brenet et de Casanova.

216. — Son portrait.

Haut., 0m73c. — Larg., 0m59c.

Collection de M. Boitelle.

TRINQUESSE (J.)

217. — Jeune garçon.
>Ovale. — Haut., 0m53c. — Larg., 0m43c.
>>*Collection de M. Lavalard.*

218. — Une Incroyable.
>Haut., 0m73c. — Larg., 0m60c.
>>*Collection de M. Rothan.*

VALLIN

219. — Murat.
>Haut., 2m12c. — Larg., 1m31c.
>>*Collection de M. Rothan.*

VERNET (Horace)
1789-1863. Membre de l'Institut.

220. — Le général Foy.
>Haut., 0m92c. — Larg., 0m74c.
>>*Collection du comte Foy.*

221. — Le Frère Philippe.

Haut., 1m80c. — Larg., 1m25c.

Appartient à l'Institut des Frères de la Doctrine Chrétienne.

222. — Inconnu.

Haut., 0m65c. — Larg., 0m54c.

Collection de M. Pigache.

223. — Général Cavaignac.

Haut., 0m65c. — Larg., 0m54c.

Collection de M. Cavaignac.

VESTIER (Antoine)

224. — Portrait d'une mère et de ses enfants.

Haut., 1m28c. — Larg., 0m96c.

Collection de M. Charles Pillet.

225. — Famille de l'architecte Ledoue.

Haut., 0m22c. — Larg., 0m16c.

226. — Inconnue.

Haut., 0m60c. — Larg., 0m52c.

Collection de M. Rothan.

VINCENT
1746-1816. Elève de Vien.

227. — Jeune garçon.
Haut., 0m57. — Larg., 0m47.
Collection de M. Charles Mallet.

WINTERHALTER (Xavier)
1806-1873.

228. — S. M. l'Impératrice Eugénie.
Haut., 0m58c. — Larg., 0m48c.

229. — S. A. R. Mgr le duc d'Aumale.
Haut., 0m91c. — Larg., 0m71c.

230. — Mme de Biré.
Haut., 0m95c. — Larg., 0m75c.
Collection du général de Biré.

INCONNUS

231. — La baronne de Staël-Holstein et sa fille.

Haut., 0m54c. — Larg., 0m51c.

Collection du duc de Broglie.

232. — Washington.

Haut., 0m73c. — Larg., 0m60c.

Collection de M. de Thévenard.

233 — Lakanal.

Haut., 0m60c. — Larg., 0m50c.

Ministère de l'Instruction publique.

SECONDE PARTIE

CATALOGUE

DE L'EXPOSITION DE

Portraits du Siècle

SECONDE PARTIE

AMAURY-DUVAL
Elève d'Ingres.

234. — Mme X...

Haut., 0^{m}80^c. — Larg., 0^{m}62^c.

BASTIEN-LEPAGE (Jules)
Elève de M. Cabanel.

235. — Mme Sarah Bernhardt.

Haut., 0^{m}43^c. — Larg., 0^{m}33^c.

236. — Mme K...

Haut., 0^{m}40^c. — Larg., 0^{m}36^c.

237. — S. A. R. Mgr le prince de Galles.
Haut., 0m43c. — Larg., 0m35c.

238. — Albert Wolff.
Haut., 0m31c. — Larg., 0m26c.

239. — Theuriet.
Haut., 0m35c. — Larg., 0m29c.

240. — E. Bastien Lepage.
Haut., 0m33c. — Larg., 0m25c.

BIN (Jean-Baptiste-Philippe-Émile)
Élève de Léon Cogniet.

241. — M. Clémenceau, député.
Haut., 1m21c. — Larg., 0m82c.

BAUDRY (Paul-Jacques)
Membre de l'Institut.

242. — Edmond About.
Haut., 0m35c. — Larg., 0m27c.

243. — Comte de Balleroy.
Haut., 0m65c. — Larg., 0m55c.

244. — M. Cressent.
Haut., 0m73c. — Larg., 0m60c.

244 bis. — Mme ***.
Haut., 0m61c. — Larg., 0m51c.

245. — Ambroise Baudry.
Haut., 0m34c. — Larg., 0m25c.

BECKER (Adolphe)
Élève de Couture, Hébert et Bonnat.

245 bis. — Le général marquis de Galliffet.
Haut., 2m49c. — Larg., 1m,34c.

BONNAT (Léon)
Membre de l'Institut. Elève de L. Cogniet.

246. — M. le président de la République.
Haut., 1m51c. — Larg., 1m12c.

247. — S. A. R. Mgr le duc d'Aumale.
Haut., 1m52c. — Larg., 1m10c.

248. — Mme Pasca.
Haut., 2m22c. — Larg., 1m31c.

249. — Victor Hugo.
Haut., 1m37c. — Larg., 1m10c.

250. — Mlles Gustave Dreyfus.
Haut., 0m36c. — Larg., 0m45c.

BOUGUEREAU (William)
Elève de Picot.

251. — M. Boucicaut.
Haut., 1m46c. — Larg., 0m83c.

252. — Mme Boucicaut.
Haut., 1m46c. — Larg., 0m83c.

CABANEL (Alexandre)
Membre de l'Institut. Elève de Picot.

253. — La duchesse de Vallombrose.
Haut., 0m83c. — Larg., 0m64c.

254. — La comtesse de Mercy-Argenteau.
Haut., 1m47c. — Larg., 0m89c.

255. — La comtesse de Ganay.

    Haut., 1m51c. — Larg., 0m95c.

CAROLUS-DURAN (Émile-Auguste)

256. — La comtesse Vandal.

    Haut., 2m30c. — Larg., 1m52c.

257. — La baronne Hottinguer.

    Haut., 1m48c. — Larg., 0m97c.

258. — Émile de Girardin.

    Haut., 1m28c. — Larg., 1m08c.

259. — Jadin.

    Haut., 0m22c. — Larg., 0m20c.

CHAPLIN (Charles)

260. — La duchesse de Mouchy.

    Haut., 1m00c. — Larg., 0m68c.

261. — Mlle d'Audiffret-Pasquier.

    Haut., 0m80c. — Larg., 0m55c.

262. — La comtesse Aimery de Larochefoucauld.

Haut., 0m93c. — Larg., 0m65c.

CONSTANT (Benjamin)
Élève de Cabanel.

263. — Mme Adam (Juliette Lamber).

Haut., 0m60c. — Larg., 0m48c.

COT (Pierre-Auguste)
Elève de L. Cogniet et de MM. Cabanel et Bouguereau.

264. — Mme Buloz.

Haut., 1m95c. — Larg., 1m06c.

DELAUNAY (Jules-Élie)
Elève de Flandrin. Membre de l'Institut.

265. — Mme Bizet.

Haut., 1m12c. — Larg., 0m72c.

266. — M. Legouvé.

Haut., 0m82c. — Larg., 0m66c.

267. — Mlle ***.
>   Haut., 0^{m}70^c. — Larg., 0^{m}57^c.

268. — Mme Doyon.
>   Haut., 0^{m}22^c. — Larg., 0^{m}18^c.

269. — Mme Albert Hecht.
>   Haut., 0^{m}26^c. — Larg., 0^{m}20^c.

269 *bis*. — M. V. Chessé.
>   Haut., 0^{m}19^c. — Larg., 0^{m}10^c.

DUBOIS (Paul)

Élève de Toussaint. Membre de l'Institut.

270. — Ses fils.
>   Haut., 1^{m}57^c. — Larg., 0^{m}98^c.

271. — Mlle P. M.
>   Haut., 0^{m}26^c. — Larg., 0^{m}19^c.

272. — Mlle R. D.
>   Haut., 0^{m}29^c. — Larg., 0$^{22m c}$.

273. — Mlle H.
>   Haut., 0^{m}61^c. — Larg., 0^{m}47^c.

DUBUFE (Édouard)
Elève de son père.

274. — La marquise de Galliffet.
Haut., 1m27c. — Larg., 0m92c.

275. — Philippe Rousseau.
Haut., 0m91c. — Larg., 1m00c.

FANTIN-LA-TOUR (Henri)
Elève de son père et de M. Lecoq de Boisbaudran.

276. — La famille D.
Haut., 1m42c. — Larg., 1m69c.

FERRIER (G.)
Elève de Pils.

277. Coquelin cadet.
Haut., 0m66c. — Larg., 0m28c.

GAILLARD (Claude-Ferdinand)

Elève de M. Léon Cogniet.

278. — Mgr de Ségur.

Haut., 0m78c. —Larg., 0m62c.

279. — S. S. Léon XIII.

Haut., 0m46c. — Larg., 0m36c.

GÉROME (Jean-Léon)

Elève de P. Delaroche. Membre de l'Institut.

280. — Enfant.

Haut., 1m18c. — Larg., 0m81c.

281. — Enfant.

Haut., 0m54c. — Larg., 0m45c.

GERVEX (Henri)

Elève de Fromentin et de MM. Cabanel et Brissot.

282. — Mme Valtès.

Haut., 2m03c. — Larg., 1m23c.

GIGOUX (Jean-François)

283. — Mme Gigoux mère.

Haut., 0m60c. — Larg., 0m50c.

GLAIZE (Pierre-Paul-Léon)

Élève de Devéria.

284. — M. Vacquerie.

Haut., 1m80c. — Larg., 1m60c.

HÉBERT (Antoine-Auguste-Ernest)

Élève de David d'Angers et de P. Delaroche. Membre de l'Institut.

285. — S. A. I. Mme la princesse Mathilde.

Haut., 0m27c. — Larg., 0m21c.

286. — Mme Hollander.

Haut., 1m40c. — Larg., 0m73c.

287. — Mme Cohn.

Haut., 0m80c. — Larg., 0m65c.

287 bis. — Mlle de Franqueville.

Haut., 0m52c. — Larg., 0m40c.

HENNER (Jean-Jacques)

Elève de Drolling et de Picot.

288. — Le général Chanzy.

Haut., 0m40c. — Larg., 0m27c.

289. — Son frère.

Haut., 0m56c. — Larg., 0m35c.

290. — M. Claretie.

Haut., 0m44c. — Larg., 0m32c.

JALABERT (Charles-François)

Élève de Paul Delaroche.

291. — La reine Marie-Amélie.

Haut., 1m52c. — Larg., 1m09c.

292. — La comtesse de Pourtalès.

Haut., 0m41c. — Larg., 0m30c.

LANDELLE (Charles)
Elève de Delaroche.

293. — Alfred de Musset (pastel).

Haut., 0m56c. — Larg., 0m47c.

LAURENS (Jean-Paul)
Elève de Bida et L. Cogniet.

294. — Mlle Comte.

Haut., 0m63c. — Larg., 0m50c.

294 *bis*. — Mlle Turquet.

Haut., 0m46c. — Larg., 0m38c.

LEFEBVRE (Jules)
Élève de Léon Cogniet.

295. — M. Léonce Reynaud.

Haut., 0m72c. — Larg., 0m60c.

296. — Mme Alexandre Dumas.

Haut., 1m30c. — Larg., 0m98c.

297. — Son père.

Haut., 0m61c. — Larg., 0m50c.

LÉVY (Émile)
Élève d'Abel de Pujol et de Pirot.

298. — Barbey d'Aurevilly.
Haut., 1m20c. — Larg., 0m94c.

299. — Mme ***.
Haut., 0m70c. — Larg., 0m54c.

MACHARD (Jules-Louis)
Élève de Signol et Baille.

300. — Mme Saly Stern.
Haut., 0m62c. — Larg., 0m45c.

301. — Mme J. Machard.
Haut., 1m32c. — Larg., 1m09c

302. — Manquant.

MANET (Édouard)

303. — **M. et Mme Manet.**
   Haut., 1^m14^c. — Larg., 0^m92^c.

304. — **M. Zola.**
   Haut., 1^m11^c. — Larg., 0^m90^c.

MEISSONIER (Jean-Louis-Ernest)
Élève de L. Cogniet. Membre de l'Institut.

305. — **M. Alexandre Dumas.**
   Haut., 0^m62^c. — Larg., 0^m43^c.

306. — **M. G. Delahante.**
   Haut., 0^m60^c. — Larg., 0^m40^c.

307. — **M. Hetzel.**
   Haut., 0^m23^c. — Larg., 0^m23^c.

308. — **M. le Docteur Lefèvre, 1846.**
   Haut., 0^m27^c. — Larg., 0^m22^c.

309. — **M. Thiers sur son lit de mort.**
   Haut., 0^m14^c. — Larg., 0^m15^c.

MOROT (Aimé-Nicolas)
Élève de Cabanel.

310. — Mlle A.

Haut., 1m58c. — Larg., 1m04c.

311. — M. T. R.

Haut., 0m29c. — Larg., 0m25c.

RENOIR (Pierre-Auguste)
Élève de Gleyre.

312. — Mme Samary.

Haut., 0m57c. — Larg., 0m47c.

ROBERT-FLEURY (Joseph-Nicolas)
Membre de l'Institut.

313. — S. A. R. Mgr le duc d'Aumale, enfant.

Haut., 0m62c. — Larg., 0m51c.

314. — M. Devinck.

Haut., 1m50c. — Larg., 1m13c.

315. — Le docteur Blanche.

Haut., 1m19c. — Larg., 0m84c.

ROLL (Alfred-Philippe)
Élève de MM. Gérôme et Bonnat.

316. — M. Jules Simon.

Haut., 1m48c. — Larg., 1m18.

SARGENT (John-S.)
Élève de Carolus Duran.

317. — M. Carolus Duran.

Haut., 1m19c. — Larg., 1m00c.

VALADON (Jules-Emmanuel)
Élève de Drolling, L. Cogniet et Lehmann.

318. — M. Marcille.

Haut., 0m61c. — Larg., 0m50c.

SUPPLÉMENT

SUPPLÉMENT

AUBRY

319. — Jeune fille.
> Haut., 0m46c. — Larg., 0m39c.
>
> *Collection de M. Rothan*

BERTHON

Elève de David.

320. — La comtesse de Lavalette, née Beauharnais.
> Haut., 0m56c. — Larg., 0m40c.
>
> *Collection de la baronne Forget.*

BOILLY

320 *bis*. — Lethière.
> Haut., 0m21c. — Larg., 0m16c.
>
> *Collection de M. Maignan.*

CHAPLIN

321. — La comtesse Foy.
> Haut., 0m91c. — Larg., 0m60c.

CHATILLON (A. de)

321 *bis*. — Victor Hugo et son fils.

Haut., 1m72c. — Larg., 0m95c.

DUPLESSIS

322. — Portrait de Gluck.

Haut., 0m87c — Larg., 0m68c.

Collection de M. Alexandre Dumas.

GAILLARD

323. — Enfant.

Haut., 0m29c. — Larg., 0m24c.

324. — Mme ***.

Haut., 0m55c. — Larg., 0m45c.

325. — Mlle ***.

GÉRARD (le baron François)

326. — La comtesse Martinelli, 1812.

Ovale. — Haut., 0m70c. — Larg., 0m58c.

327. — Mme Alex. Gérard, 1831.
>Haut., 0m60.c — Larg., 0m45c.

328. — Mme du Cayla.
>Haut., 0m62c. — Larg., 0m45c.

329. — Jeune fille en pied.
>Haut., 0m42c. — Larg., 0m32c.

330. — Mlle Godefroid.
>Haut., 0m26c. — Larg., 0m21c.
>*Collection du baron Gérard.*

331. — La baronne Favier.
>Haut., 0m63c. — Larg., 0m52c.
>*Collection du marquis de Jaucourt.*

332. — La duchesse de Bassano.
>Haut., 2m26c. — Larg., 1m45c.
>*Collection du duc de Bassano*

GÉRICAULT

333. — Tête d'étude.
>Haut., 0m40c. — Larg., 0m35c.
>*Collection de M. Marquiset.*

HEINSIUS

334. — Jeune homme.

Haut., 0m64c. — Larg., 0m51c.

Collection de M. Rothan.

HUET (Jean-Baptiste)

1745-1811. Élève de Boucher et Leprince.

335. — André Chénier.

Haut., 0m31c. — Larg., 0m23c.

Collection de M. Moreau-Chaslon

JACQUET (Gustave)

Élève de Bouguereau.

336. — Mme Carraby.

Haut., 1m30c. — Larg., 0m80c.

337. — Mme Millon de la Bertheville.

Haut., 0m65c. — Larg., 0m50c.

LANGLOIS

338. — Portrait de M. Balse.

Ovale. — Haut., 0m48c. — Larg., 0m40c.

Collection de M. Balse.

LAVAL

Élève de Girodet.

339. — Manquant.

340. — Chateaubriand, étude pour le sacre de Charles X.

Haut., 0m59c. — Larg., 0m49c.

Collection de M. Rothan.

341. — Le maréchal Soult.

Haut., 0m52c. — Larg., 0m46c.

Collection de M. Léon Lefebure.

LONSIN

342. — Mirabeau.

Haut., 1m37c. — Larg., 1m08c.

Collection de M. le docteur Camus

MILLET

343. — Un jeune homme.

Haut., 1m00c. — Larg., 0m80c.

MIRYS (Baron de)

1755-1809. Elève de David.

344. — Son portrait.

Haut., 0m11c. — Larg., 0m08c.

Collection de Mme Lhériller.

MOROT (Aimé)

345. — Mlle ★★★.

Haut., 0m40c. — Larg., 0m32c.

POPELIN (Gustave)

Elève de Giraud et de Gabriel Ferrier.

346. — M. Lavoix père.

Haut., 1m20c. — Larg., 0m80c.

REGNAULT (Henri)

347. — Portrait du jeune Four.
  Haut., 0m52c. — Larg., 0m39c.

RICARD

348. — Mme Baignères.
  Haut., 0m72c. — Larg., 0m58c.

349. — Mlle Baignères.
  Haut., 0m45c. — Larg., 0m35c.

ROBERT-FLEURY (Tony)
Élève de P. Delaroche et Léon Cogniet.

350. — Mmes A. et F. Schickler.
  Haut., 0m64c. — Larg., 0m81c.

ROBERT LEFÈVRE

351. — Le duc de Bassano.
  Haut., 2m12c. — Larg., 1m39c.
  Collection du duc de Bassano.

ROISAT

352. — Prosper Mérimée.

Ovale. — Haut., 0m55c. — Larg., 0m40c.

Collection de M. Hetzel.

ROSLIN

353. — Garde-française.

Haut., 0m70c. — Larg., 0m60c.

Collection de M. Féral.

VIBERT

Élève de Barrias.

354. — Coquelin aîné.

Haut., 0m68c. — Larg., 0m40c.

INCONNU

355. — Robespierre.

Haut., 1m00c. — Larg., 0m75c.

Collection de M. Marcille.

356. — Le général Dumas de la Pailleterie.

Haut., 0m77c. — Larg., 0m57c.

Collection de M. Alexandre Dumas.

LISTE ALPHABÉTIQUE

DES ARTISTES

AYANT DES PORTRAITS EXPOSÉS

LISTE ALPHABÉTIQUE

DES ARTISTES

AYANT DES PORTRAITS EXPOSÉS

Amaury-Duval.
Aubry.

Bastien-Lepage.
Baudry.
Becker.
Bilcoq.
Berthon.
Boilly.
Bonnat.
Bouchot.
Bouguereau.
Bouliar (Mlle).
Boulanger.

Cabanel.
Cals.
Carolus-Duran.
Chaplin.
Charlet.

Charpentier.
Chassériau.
Châtillon (A. de).
Chaudet.
Cogniet.
Constant (Benjamin).
Corot.
Cot.
Courbet.
Couture.

Dabos.
Danloux.
Daunou.
David.
Delacroix.
Delaroche.
Delaunay.
Deveria (Achille).
Diaz de la Pena.

Dreux (Alfred de).
Drolling (Martin).
Drolling (Michel).
Dubois (Paul).
Dubufe (Claude).
Dubufe (Édouard).
Ducreux.
Duplessis.
Dutilleux.

Fantin-la-Tour.
Ferrier.
Flandrin (Hippolyte).
Fragonard (A.).
Fragonard (J.-H.).

Gaillard.
Gainsborough.
Gérard.
Géricault.
Gérôme.
Gervex.
Gigoux.
Giraud.
Girodet.
Glaize.
Greuze.
Gros.
Guérin (P.-N).
Guérin (Paulin).
Guignet.

Hébert.
Heim.
Heinsius.
Henner.

Hersent.
Hesse.
Huet.

Ingres.

Jacquet.
Jalabert.

Lampi.
Landelle.
Laneuville.
Langlois.
Laurens (J.-P).
Larivière.
Laval.
Lawrence.
Lebrun (Mme).
Lefebvre (Jules).
Lefèvre (Robert).
Lehmann.
Lemonnier.
Lévy (Émile).
Lonsin.

Machard.
Manet.
Meissonier.
Millet.
Mirys (de).
Morot.

Naigeon (E).
Naigeon (J).

Pagnest.

— 95 —

Pajou.
Pérignon.
Pils.
Popelin.
Prud'hon.

Quinson.

Regnault.
Regnault (Henri).
Renoir.
Ricard.
Robert-Fleury.
Robert-Fleury (Tony).
Roisat.
Roll.
Roller.
Romany (Mme).
Roslin.

Rousseau.
Roux.

Scheffer (Ary).
Senave.
Steuben.

Tassaert.
Taunay.
Trinquesse.

Valadon.
Vallin.
Vernet (Horace).
Vestier.
Vibert.
Vincent.

Winterhalter.

NOMS DES COLLECTIONNEURS

AYANT PRÊTÉ DES PORTRAITS

NOMS DES COLLECTIONNEURS

AYANT PRÊTÉ DES PORTRAITS

About (Edmond).
Adam (Mme).
Andral.
André (Édouard).
Anzin (Compagnie des mines d').
Arago (Alfred).
Arenberg (prince d').
Aubry Vitet (Mme).
S. A. R. Mgr le duc d'Aumale.
Audiffret-Pasquier (duc d').
Ayen (duc d').

Baignères (Arthur).
Baignères (Mme).
Balleroy (comtesse de).
Ballu (Roger).
Balse.
Bapst (Mme).

Barante (baron de).
Barbey d'Aurevilly.
Bassano (duc de)
Bassano (marquis de).
Bastien Lepage (E.).
Becq de Fouquières (Mme).
Bérard (Mme).
Berger (Th.).
Biré (général de).
Bizet (Mme).
Blanche (D^r).
Blanc (Mme).
Blocqueville (Mme la marquise de).
Blondel.
Boitelle.
Bonnaffé.
Boucicaut (Mme).
Breuil (comte).
Broglie (duc de).

Buloz.
Burat.
Bussierre (baron Léon de).

Callier (général).
Camus.
Carraby.
Carré.
Cassin (Mme de).
Castéjà (marquis de).
Castellane (marquise de).
Cavaignac.
Champfleury.
Chaptal (comte).
Chassériau (baron).
Chayla (Mme du).
Chabot (comte de).
Chateaubriand (Mlle de).
Chanzy (Mme la générale).
Chennevières (marquis de).
Cherubini (Mme).
Claretie (Jules).
Clémenceau.
Clercq (de).
Clermont-Tonnerre (duc de).
Clermont-Tonnerre (comte de).
Cogniet (Mme Léon).
Cohn (Mme).
Comte (T.).
Coquelin aîné.
Coquelin cadet.
Cottier (Mme).
Cressent.

Dalloz.

Dampierre (vicomte de).
Delahante (Gustave).
Delondre (Paul).
Devinck (Mme).
Doctrine chrétienne (frères de la).
Doria (comte).
Doyon.
Drake del Castillo.
Dreyfus (Gustave).
Duchâtel (comte).
Dufay.
Dumas (Alexandre).
Duparc (Arthur-Fouques).
Dutilleul (Ernest).
Duval (Maxime).

École nationale des Beaux-Arts.
S. M. l'impératrice Eugénie.

Féral.
Ferry (Jules).
Forget (Mme la baronne).
Foy (comte).

Ganay (marquis de).
Ganay (comte de).
Gérard (baron).
Girardin (de).
Goupil (Albert).
Grammont (comtesse de).
Gramont (duc de).
Gramont d'Aster (comte de).
Greffulhe (vicomte).
Guiche (marquis de la).

Guizot (Guillaume).

Hecht (Albert).
Hecht (Henri).
Heine (Michel).
Hendécourt (Mme d').
Hetzel (Jules).
Hollander.
Hottinguer (baron).
Hottinguer (François).
Houssaye (Arsène).
Hugo (Victor).

Ideville (comte d').

Jadin.
Jaucourt (marquis de).
Jeanin (baron).
Jubinal (Mme Achille).

Kestner (Mme).
Kœpferer.
Kolowrat (Mlle de).

Lafenestre.
Lariboisière (comte de).
Larivière (Mme).
Larochefoucauld (comte Aimery de).
Las-Cases (marquis de).
Lavalard.
Lavoix.
Lefébure (Léon).
Lefèvre.
Legouvé.
Lehmann (Mme).

Lenoir.
Lepic (comte).
Lhériller (Mme la générale).
Loynes (Mme la comtesse de).

Maignan.
Mallet (baron).
Mallet (Charles).
Mantz (Paul).
Marcille (Eudoxe).
Marjolin-Scheffer (Mme).
Marquiset.
Masson.
S. A. I. la princesse Mathilde.
Millon de la Bertheville (Mme).
Mercy-Argenteau (comte de).
Moitessier (Mme).
Montgommery (de).
Moreau-Chaslon.
Mouchy (duc de).
Murat (prince Joachim).

Naigeon.
S. A. I. le prince Napoléon.

Oudiné.

Padenas (prince de).
Panhard (Félix).
S. A. R. Mgr le comte de Paris.
Pasca (Mme).
Périer (Paul-Casimir).
Pereire.
Perrin.

Petit.
Pigache.
Pillet.
Polignac (duchesse de).
Poniatowska (princesse).
Pourtalès (comte de).
Préfecture de la Seine.
M. le Président de la République.

Reynaud.
Rémusat (Paul de).
Renet (Henri).
Riesener (Mme).
Richelieu (duchesse de).
Robaut.
Ricord.
Rohan (duc de).
Rossigneux.
Rothan.
Rothschild (baron G. de).
Rouart.
Roydeville (comtesse de).
Rousseau.

Sabatier (Mme).
Samary-Lagarde (Mme).

Sarah-Bernhardt (Mme).
Saucède.
Say (Léon).
Schickler.
Simon (Jules).
Stern (Mme).

Taigny.
Théveuard (de).
Theuriet (André).
Trévise (duc de).
Turenne (comte Paul de).
Turquet.

Vacquerie.
Vallombrose (duchesse de).
Valtesse (Mme).
Vandal (Mme la comtesse).
Viardot.
Vindé (duchesse de Morel).
Virieu (marquise de).

Wagram (prince de).
Walewski (comte).

Zieger.
Zola (Emile).

Imprimeries réunies, **C**, rue du Four, 54 bis, Paris

www.ingramcontent.com/pod-product-compliance
Lightning Source LLC
Chambersburg PA
CBHW070525100426
42743CB00010B/1950